NOTICE NÉCROLOGIQUE

SUR SON ÉMINENCE Mgr HUGUES-ROBERT-JEAN-CHARLES

DE LA TOUR D'AUVERGNE-LAURAGUAIS

Cardinal-Prêtre de la Sainte Église romaine, de Sainte-Agnès *extra mœnia*, décoré du Pallium,
imposé par le Pape lui-même Évêque d'Arras, Grand'Croix de la Légion-d'Honneur.

Mort à Arras, le 20 Juillet 1851 :

PAR E. DE SAINT-MAURICE CABANY,

Directeur-Rédacteur en chef du Nécrologe universel du XIXe Siècle, et des Archives
générales de la Noblesse.

EXTRAIT DU NÉCROLOGE UNIVERSEL DU XIXe SIÈCLE,

Annales Nécrologiques et Biographiques des Notabilités de la France et de l'Étranger :

Boulevard Beaumarchais, 91, à Paris.

1854

DE LA TOUR D'AUVERGNE-LAURAGUAIS,

E rattachant par ses ancêtres à l'origine même de la monarchie carlovingienne, la Maison de La Tour d'Auvergne, par son ancienneté autant que par ses illustrations de tous genres, tient certainement un des premiers rangs parmi les plus grandes familles de France. Elle a traversé plus de dix siècles, conservant pendant longtemps des souverainetés princières, étendant ses rameaux dans plusieurs contrées de l'Europe, mêlant son sang au sang des Maisons royales, donnant à l'Église des saints, des évêques, des

cardinaux; à l'État des hommes éminents; aux
armées des guerriers dont personne n'ignore le
nom et parmi lesquels on distingue le grand
Turenne et le premier grenadier de France (1).
Dans le cours des âges, cette Maison s'est di-
visée en plusieurs branches dont la plupart sont
éteintes aujourd'hui. La branche de La Tour d'Auvergne-Lauraguais, par une filiation non interrom-
pue, fondée sur les titres les plus authentiques et
les mieux enchaînés, remonte, à travers dix siècles
passés et vingt-cinq générations, jusqu'aux anciens
ducs d'Aquitaine, comtes d'Auvergne, issus du sang
même de Charlemagne. Ce n'est pas ici le lieu de
présenter la généalogie de cette illustre famille à
laquelle appartient l'homme éminent auquel nous
consacrons cet article; qu'il nous suffise d'observer,
et c'est ce qui résultera de l'ensemble de cette
notice, que si le cardinal de La Tour d'Auvergne
avait reçu de ses ancêtres un des plus beaux noms
de France, il l'a toujours noblement et dignement
porté.

Né le 14 août 1768, au château d'Auzeville, dans

______

(1) Théophile Malo Corret de La Tour d'Auvergne, premier grenadier de France, fut reconnu par l'avant-dernier duc de Bouillon, dans un
acte d'adoption, donné au château de Navarre le 9 avril 1785.

l'ancien comté de Lauraguais, entre Toulouse et Villefranche, Hugues-Robert-Jean-Charles de La Tour d'Auvergne-Lauraguais appartenait donc par son père à cette antique Maison dont le nom se trouve écrit à chaque page de notre histoire et qui a donné Turenne à la France, et par sa mère, Armande d'Aumale, à une illustre famille de Picardie dont les membres ont payé noblement la dette de leur grand nom dans toutes les guerres de la monarchie. Élevé par l'abbé de Saint-Paulet, un de ses oncles paternels, chanoine et vicaire général du diocèse de Castres, ses progrès furent rapides dans la double carrière de la science et de la piété. Ses études se dirigeaient constamment par choix vers les objets religieux. A peine âgé de dix ans il faisait, sur les articles du catéchisme, des réponses surprenantes par la précocité d'intelligence et la patience d'investigation qu'elles supposaient. Il fit sa première communion dans un village dont le curé avait toute la confiance et toute l'affection de son oncle, et il fut confirmé, peu de temps après, par monseigneur de Bernis, coadjuteur d'Alby. Rentré au collége, le jeune Charles se mit avec ardeur au travail. Une intelligence pénétrante, une rare facilité d'appropriation, une mémoire remarquable, telles étaient les armes avec lesquelles il lutta contre ses rivaux. De nombreux succès récompensèrent ses efforts. Les discours latins lui valurent ses plus belles couronnes, et son goût pour la langue de l'Église lui resta jusqu'à ses derniers jours. Il correspondit toute sa vie en latin avec les Papes qui se succédèrent sur le siége de saint Pierre et avec ses collègues en épiscopat. Il rédigeait lui-même toutes ses lettres, et l'on trouvait toujours dans le choix et l'arrangement de ses mots cette forme élégante et chatiée qui dénote une étude approfondie de la belle latinité. Il termina ses études avec distinction à Alby, puis il alla faire sa philosophie à Toulouse, où il remporta de nouvelles couronnes.

A cette époque, sa vocation était déjà fixée. Il avait reçu la tonsure à quatorze ans. La comtesse d'Aumale, sa tante, était alors gouvernante des enfants de France avec Mme de Polignac. L'avenir le plus brillant s'ouvrait donc devant lui; mais ni la crainte des dangers que l'on pressentait déjà, ni la perspective du rang élevé qui l'attendait à la Cour s'il s'y présentait, ne purent le déterminer à renoncer à sa résolution. Il persista et entra au séminaire de Saint-Sulpice, où il fit, sous la direc-

tion éclairée de l'abbé Émery, une année de philosophie et trois années de théologie. Son caractère
aimable et enjoué, son esprit vif et son excellent
cœur lui gagnèrent l'amitié de tous ses condisciples.
L'habile et vigilant supérieur le remarqua dès son
arrivée au séminaire et s'attacha à son élève avec
toute la tendresse d'un second père.

Mais déjà la tourmente révolutionnaire agitait la
France. Après avoir longtemps hésité, Louis XVI
s'était vu forcé de sanctionner ces décrets qui ren-
versaient les plus fermes soutiens de son trône.
A l'exemple d'un grand nombre de gentilshommes,
le père du cardinal se crut obligé de protester
publiquement. Sa protestation, aussi digne qu'énergique (1), datée du mois d'avril 1791, fut repro-
duite par les journaux de l'époque. L'abbé était

(1) Voici cette protestation, qui mérite vraiment d'être conservée
comme un monument de fidélité et de noblesse :

« Au moment où tous les gentilshommes de France protestent ou veu-
« lent protester contre les décrets d'une assemblée illicite qui s'est formée
« d'elle-même et malgré les mandats donnés à ses membres; qui s'est
« arrogé toute l'autorité et ose parler au nom d'une nation endormie sur
« ses malheurs; enivrée des mots d'*égalité* et de *liberté* avec lesquels ses
« ennemis avaient préparé le poison qui devait la détruire; en cet instant
« où le vice triomphe et où l'on doit choisir entre la mort et l'ignominie, je
« déclare hautement, comme Français, comme gentilhomme, à la France, a
« l'Europe, que je proteste pour moi, mes enfants et leur postérité, contre
« tous les décrets rendus par l'Assemblée dite nationale, sanctionnés par
« mon Roi dans les fers, et notamment contre ceux qui confondent tous les

alors absent. Comme ses deux frères (1) avaient
signé la protestation, il ne crut pas pouvoir garder
le silence, et le 27 mai de la même année la *Gazette de
Paris* insérait les lignes suivantes, qui dépeignaient
admirablement et la noblesse de ses sentiments et
la fermeté de son caractère : « .... Je serais
« désespéré que la France ne lût pas mon nom à
« la suite de la protestation de ma famille : ma
« qualité d'ecclésiastique n'a rien retranché de mes
« droits à cet égard ; elle me donne au contraire
« celui d'adhérer à l'*Exposition des principes du*

« ordres du royaume ; qui détruisent la noblesse héréditaire, que je dois
« défendre au prix de ma fortune et de ma vie, comme un bien qui doit
« passer sans tache à mes enfants, et qui sera pour eux l'image des vertus
« de leurs aïeux et le souvenir du sang qu'ils ont tant de fois versé pour la
« patrie et le Roi.

« J'ajoute encore à la présente protestation ma profession de foi, et je
« déclare devant Dieu que je ne connais et ne veux connaître que Lui,
« mon honneur et mon Roi, et qu'il n'est pas de violence humaine qui
« puisse me faire trahir ces sentiments, dans lesquels je veux vivre et
« mourir. »

Dans *la Gazette de Paris* du vendredi 27 mai 1791, ainsi que dans le
numéro du 29 octobre de la même année, on trouve une deuxième protestation non moins énergique que la précédente et qui se termine ainsi :

« Si je ne puis offrir à mon Roi que des vœux pour sa délivrance et sa réhabilitation sur
« son trône, j'ai du moins le bonheur d'avoir des enfants qui ont volé les premiers au poste
« où l'honneur appelait tout brave chevalier français ; poste que l'histoire de leurs aïeux
« leur avait déjà tracé. Issus du même sang que Turenne, comme lui ils sauront le verser
« pour la défense de leur Roi et le salut de leur Patrie. »

(1) Ses deux frères étaient : 1º Joseph-Denis-Édouard-Bernard de La
Tour d'Auvergne-Lauraguais, mort en 1841, maréchal de camp, commandeur de la Légion-d'Honneur, chevalier de Saint-Louis, etc. Son fils aîné,
Charles-Melchior-Philippe-Bernard, prince de La Tour d'Auvergne-Lauraguais, officier de la Légion-d'Honneur, de Saint-Ferdinand et de

« *clergé de France*. J'use de ce droit avec toute la
« fermeté que la religion me commande. Ces senti-
« ments, chers à mon cœur, sont le seul genre de
« courage que mon état me permette ; mais au
« moins il m'associe à la gloire de ces preux che-
« valiers qui environnent le trône pour la défense du
« monarque et pour le rétablissement de sa gloire. »

La suspension des cours du séminaire, les événe-
ments qui se préparaient le forcèrent à revenir
à Castres auprès de son oncle, mais n'ébranlèrent
nullement sa vocation. Au moment où plusieurs
des membres de sa famille partaient pour la terre
d'exil, sur l'invitation de l'abbé Émery, il reprit
le chemin de la capitale dans les premiers mois de
1792. Il reçut, dans le plus grand secret, le sous-

Charles III d'Espagne, marié en 1821 à Laurence-Marie-Louise-Félicité
de Chauvigny de Blot, est mort le 18 mai 1849, laissant quatre enfants :
I. Henri-Alphonse-Godefroy-Bernard prince de La Tour d'Auvergne-
Lauraguais, actuellement premier secrétaire de l'ambassade de France à
Rome, chevalier de la Légion-d'Honneur, commandeur de Saint-Grégoire-
le-Grand, de Saint-Constantinien de Naples, chevalier de Pie IX, etc.
C'est lui qui est le chef de nom et d'armes de sa famille, et qui, en cette
qualité, est en possession du cœur de Turenne. — II. L'abbé prince de La
Tour d'Auvergne, vicaire général d'Arras. — III. Le prince Édouard de
La Tour d'Auvergne, officier d'ordonnance de l'empereur Napoléon III. —
IV. La princesse Henriette-Marie-Thérèse-Adélaïde de La Tour d'Au-
vergne.

2° Le comte Édouard de La Tour d'Auvergne-Lauraguais, mort sans
enfants le 27 octobre 1822.

diaconat aux quatre-temps de Carême, et le diaconat le troisième dimanche après Pâques, dans la
bibliothèque des Irlandais. Quelques jours après
l'horrible journée du 20 juin, le 24 du même mois,
fête de saint Jean-Baptiste, il fut ordonné prêtre
par monseigneur François de Bonnal, évêque de
Clermont, en secret, dans sa chambre, rue et hôtel
Taranne. Cette ordination fut la dernière qui ait
eu lieu en France avant l'avénement du règne de
la Terreur.

Il eut alors à subir de terribles épreuves. Seul à
Paris, privé de l'appui de ses parents, qui avaient
tous émigré, il se trouva pour la première fois en
face des nécessités de l'existence et des périls de
sa nouvelle position. Sa qualité de prêtre était un
titre à la persécution, et ce titre, joint à l'illustre
nom qu'il portait, devenait un arrêt de mort. Bra-
vant le danger, il résolut de ne pas émigrer. Il se
rendit au château de Vergies, près d'Amiens, chez
sa tante, la comtesse d'Aumale, et y resta caché
pendant la Terreur. Il se rendait de temps à autre à
Amiens pour y célébrer l'office divin dans les maisons où s'étaient réfugiées les religieuses de divers
Ordres et les prêtres poursuivis. Épié par les pa-
triotes de la ville, il fut dénoncé et arrêté; mais

emprisonné sous prévention de noblesse seulement,
car son ordination était restée secrète, sa détention
fut courte. Néanmoins ayant repris, dès sa sortie de
prison, ses visites interrompues, il fut arrêté de
nouveau, sous la double inculpation de noblesse
et de prêtrise, au moment où il portait sur lui le
Saint-Sacrement. Cette seconde captivité dura près
d'une année et faillit lui coûter la vie. Le farouche
Lebon, qui régnait alors dans l'Artois, ayant envoyé
à Dumont, représentant du peuple et commissaire
général à Amiens, l'ordre de lui expédier tous
les prisonniers qui n'appartenaient pas à la ville,
Dumont, qui avait une dette de reconnaissance à
acquitter envers la famille d'Aumale, usa d'un
subterfuge pour sauver le neveu de sa bienfaitrice.
L'abbé, prévenu par le secrétaire intime de Dumont,
ne répondit point à l'appel que l'on fit des prisonniers; il resta à Amiens et fut mis en liberté peu
après, lors de la chute de Robespierre.

Mais en sortant de prison, dénué de toutes ressources, il dut plier devant la nécessité et se fit
attacher en qualité de secrétaire particulier à la
personne de M. d'Archambald, commissaire-ordon-
nateur des guerres dans les départements du nord
de la France et dont la résidence était à Amiens.

L'intelligence, l'activité, l'aptitude pour l'administration, dont il donna de nombreuses preuves, lui attirèrent bientôt toute la confiance de M. d'Archambald, qui en récompense de ses services le fit nommer inspecteur général des vivres et fourrages dans les départements composant son commissariat. Durant le temps qu'il conserva ces fonctions administratives, il se montra toujours d'une juste sévérité à l'égard des fournisseurs qui trompaient l'État. Il vérifiait lui-même la qualité des marchandises livrées pour l'usage des troupes et refusait sans pitié celles qui ne lui paraissaient pas bonnes. Plusieurs actes de fermeté et d'énergie produisirent un salutaire effet. A Péronne, en particulier, 15,000 bottes de foin avarié furent brûlées par ses ordres en présence du fournisseur. Du reste ses fonctions le mettant en constant rapport avec les autorités militaires, il se servit de son influence pour sauver du fléau de la conscription un grand nombre de familles pauvres.

A la fin de 1799, le calme commençant à se rétablir, il quitta son emploi et revint auprès de sa tante la comtesse d'Aumale. Il reprit sa correspondance avec M. l'abbé Émery, qui vivait caché dans la capitale. Mais, en 1800, ayant appris que

son oncle, l'abbé de Saint-Paulet, avait été arrêté
à Perpignan à son retour d'Espagne, il partit pour
Paris, fit d'actives démarches, qui eurent un plein
succès, et s'empressa de porter lui-même au vénérable prisonnier la nouvelle de sa mise en liberté.
Il le reconduisit à Castres et revint continuer à
Vergies ses studieuses occupations.

En 1801, au rétablissement du culte, l'abbé de
La Tour d'Auvergne se montra, un des premiers,
revêtu du costume canonique. Dès que le concor-
dat eut été conclu et signé par le premier consul
Bonaparte, il demanda à monseigneur de Villaret,
évêque d'Amiens, de lui accorder de desservir la
succursale de Vergies, où résidait sa tante : c'était
là sa seule ambition. Les nombreux travaux de
réorganisation de son diocèse n'ayant pas permis à
monseigneur d'Amiens de répondre immédiatement
à cette demande, l'abbé se rendit à Paris afin d'en
conférer avec son vénérable ami M. Émery, que
pendant ce temps le premier consul nommait évêque d'Arras. Sur le refus de celui-ci et probable-
ment aussi sur sa proposition, Bonaparte déchira
son ordonnance, et l'abbé Émery, porteur de la
seconde signée du chef de l'État, se présenta le
lendemain, à six heures du matin, chez son ancien

élève : « Je vous ordonne d'accepter, » lui dit-il en lui remettant l'ordonnance qui l'appelait à l'évêché d'Arras. Cet acte était daté du 9 avril 1802. M. Émery présenta le nouvel évêque au premier consul : « Vous êtes bien jeune, monsieur l'évêque, lui dit Bonaparte. — Avec une année de moins que moi, répondit l'abbé de La Tour d'Auvergne, le premier consul gouverne toute l'Europe... J'espère, avec l'aide de Dieu, pouvoir gouverner mon diocèse. » Depuis cette entrevue, Napoléon conserva une haute estime et porta un constant intérêt au prélat, qui reçut, le 6 mai, ses bulles d'institution des mains du cardinal Caprara, légat du Saint-Siége. Il fut sacré à Saint-Roch, le 16 du même mois, par monseigneur de Roquelaure, ancien évêque de Senlis, l'archevêque nommé de Malines, assisté de monseigneur de Beaumont, évêque de Gand, et de monseigneur de Maillé de La Tour Landry, ancien évêque de Saint-Papoul. Il fut installé solennellement le samedi 5 juin, veille de la Pentecôte.

Une foule immense assista à la cérémonie de l'installation. Le prélat fut conduit processionnellement à la cathédrale d'Arras, alors Saint-Jean-Baptiste, par les autorités civiles et militaires, escorté par les troupes de la garnison et par une population empressée. Sur le seuil de l'église, monseigneur de La Tour d'Auvergne, appercevant un bonnet rouge placé sur l'une des statues du chœur, s'arrêta, et se tournant vers le préfet, M. Poitevin de Messemy : « Je ne ferai point un pas de plus, lui dit-il avec résolution, si vous ne faites enlever à l'instant cet emblême de sang qui profane le sanctuaire. » Les emblêmes de la terreur existaient encore officiellement, et la stupéfaction fut grande au milieu des fonctionnaires, car c'était un coup d'État qu'exigeait l'évêque. Cependant la résolution et la majestueuse attitude du prélat en imposèrent tellement à tous les assistants que le bonnet rouge fut enlevé du chœur. Le cortége reprit ensuite sa marche. Le lendemain le nouvel évêque officia pontificalement au milieu d'une affluence recueillie, avide de contempler ses traits. Sa haute stature, son port majestueux, la noblesse de son visage et la douceur de sa parole lui gagnèrent d'abord tous les cœurs. Il donna la confirmation à plus de quatre-vingt mille diocésains pendant la première année de son épiscopat.

Monseigneur de La Tour d'Auvergne avait alors trente-trois ans. Il trouva toutes choses dans le

triste état où la révolution les avait mises : point
d'églises ou des églises délabrées et servant d'écuries ou de magasins. Son clergé n'était pas formé,
et l'on manquait de prêtres, car les séminaires
étaient fermés depuis onze ans. La tâche à remplir
était vaste ; mais il prit vigoureusement sa détermination. Ses efforts tendirent à mettre de l'unité
dans son immense diocèse, formé de trois diocèses
presque entiers, Arras, Boulogne et Saint-Omer, et
d'une partie de trois autres, Amiens, Cambrai et
Tournai. Dès son début il s'entoura des ecclésiastiques les plus éclairés des diocèses qui concouraient à la formation du sien. En 1803 il fonda une
maison ecclésiastique et y organisa fortement les
études et la discipline. Cette même année, le premier consul, voulant lui donner un témoignage de
ses sympathies et de son admiration pour le zèle
apostolique qu'il déployait et l'unité qu'il avait
rétablie dans son vaste diocèse, lui envoya une
riche bague en émeraude accompagnée de ces
mots : « Monsieur l'évêque d'Arras, je vous envoie
cette bague, désirant que vous la portiez en souvenir
de moi. » Lorsqu'il organisa le camp de Boulogne,
il appela monseigneur de La Tour d'Auvergne pour
bénir les aigles qu'il devait distribuer à l'armée,

et il remit lui-même au prélat les insignes de
la Légion-d'Honneur qu'il instituait à la même
époque.

En 1806, monseigneur d'Arras donna des statuts
à son diocèse et rétablit l'adoration perpétuelle du
Saint-Sacrement dans toutes les églises. En 1809,
il établit dans les bâtiments de l'ancienne abbaye
de Saint-Waast le grand séminaire, qui prenait un
développement remarquable grâce à sa sollicitude
éclairée. En 1811, il fut appelé au concile de Paris ;
mais tout en conservant pour Napoléon le respect
et l'affection qu'il lui devait, il ne transigea sur
aucun des droits du Saint-Siége. L'évêque d'Arras
ne se contenta pas de restaurer le culte dans son vaste
diocèse. Sa ville épiscopale n'avait qu'une cathédrale provisoire. Par ses démarches, il obtint de
l'Empereur l'autorisation de convertir en cathédrale les constructions élevées par les religieux de
Saint-Waast à la suite de leur abbaye. Il n'y avait
que les quatre murs. Vingt-trois années après cette
concession, le 6 juin 1833, l'évêque consacrait
sa nouvelle cathédrale. Ce magnifique monument
s'était transformé comme par enchantement ; les
voûtes, les dalles, les chapiteaux de colonnes, les
fenêtres, les corniches, toute la construction et

l'ornementation intérieures furent dues à ses efforts persévérants, à son zèle infatigable. Il ne cessa de se préoccuper de l'embellissement de cette église, et, chaque année, une partie notable de ses revenus y passait. Il y fit exécuter des peintures à fresque par Abel de Pujol, y fit élever d'élégantes chapelles en stuc et sculpter de merveilleuses boiseries. Après la construction de la chapelle de la Sainte-Vierge, qu'il décora avec une magnificence royale, il songeait au moment de sa mort à élever sous la coupole de Saint-Waast un superbe autel en marbre surmonté d'un baldaquin somptueux.

Les relations du pieux évêque avec les gouvernements qui se succédèrent avec rapidité depuis son entrée dans l'épiscopat jusqu'à son décès furent toujours bonnes et faciles. Louis XVIII le nomma officier de la Légion-d'Honneur, et Charles X se montra plein d'attachement et d'estime pour lui. En 1827, lors du voyage du roi au camp de Saint-Omer, le prélat conduisit Sa Majesté jusqu'aux extrêmes limites du département. Charles X était fatigué du voyage; il dut néanmoins subir des discours plus ou moins longs. Lorsque son tour arriva, monseigneur de La Tour d'Auvergne, souriant avec malice, se contenta de dire au roi :

« Sire, ici finit mon diocèse...... ici commencent mes regrets! » — 1830 arriva. Le gouvernement le nomma archevêque d'Avignon. Il refusa. Ce refus toutefois ne l'empêcha pas de se montrer soumis au pouvoir dans toutes les circonstances où son devoir le lui permettait; mais dès que sa conscience parlait il devenait inflexible, et l'âge sous ce rapport ne lui enleva jamais rien de son énergie de caractère. Tout le monde se rappelle la fermeté inébranlable qu'il déploya lorsque, en 1835, un préfet du Pas-de-Calais, M. N... de C.........., agissant sous des inspirations protestantes, fit saisir chez l'imprimeur un mandement que l'évêque venait de publier pour prémunir ses diocésains contre le venin de l'erreur. Et M. Guizot, alors ministre des cultes, quoique protestant lui-même, rendit pleine et entière justice au prélat.

En 1839, à la mort du cardinal Fesch, monseigneur de La Tour d'Auvergne refusa de nouveau l'archevêché de Lyon, le plus beau de France. Nommé commandeur de la Légion-d'Honneur en 1833 et grand-officier en 1837, il reçut le cordon de grand'croix du même Ordre en 1843.

La persistance de l'évêque d'Arras à refuser les siéges archiépiscopaux qui lui étaient offerts portèrent le roi Louis-Philippe à le proposer pour le cardinalat. Grégoire XVI saisit cette occasion de témoigner toute son affection à monseigneur de La Tour d'Auvergne, et le 23 décembre 1839, il fut élevé à la dignité de cardinal, du titre de sainte Agnès *extra mœnia*. La barette fut apportée à Paris par monseigneur Pacca, neveu de l'illustre cardinal de ce nom, et la calotte cardinalice par le chevalier Philippe Borgia, garde noble. Le 23 janvier suivant, Son Éminence reçut la barette des mains du roi Louis-Philippe aux Tuileries.

Le 30 décembre 1839 était mort monseigneur de Quelen, archevêque de Paris. Le roi offrit le siége vacant au nouveau cardinal; les prières et les instances les plus vives etles plus affectueuses n'eurent aucun résultat. La reine, les princes, les princesses, tout ce que Paris comptait dans son sein de plus illustre et notamment MM. de Châteaubriand, Lacordaire et de Ravignan firent de vains efforts pour vaincre la détermination du prélat : « Saint Waast a gouverné le diocèse d'Arras pendant quarante ans, répondait-il; je veux suivre son exemple. » Le roi revint longtemps sur ce projet que lui inspirait sa tendre affection pour le cardinal. Un jour que Son Eminence dînait aux Tuileries, Louis-

Philippe lui dit : « Monsieur le cardinal, puisque
vous ne voulez pas de moi pour votre diocésain,
j'espère que mon insistance vous prouvera mon
amitié et que vous m'en aimerez davantage. » —
« Il y a longtemps, sire, que cela n'est plus possi-
ble, répondit l'évêque d'Arras. »

La rentrée du cardinal à Arras, le 30 janvier 1840,
ne fut pas une fête pour la ville seulement ; tout le
département y prit part. La population se porta au-
devant de lui et il fut reçu par toutes les autorités.
Le canon annonça son arrivée, et un corps nombreux de musiciens suivit le cortége jusqu'à l'évêché ; dans la tournée pastorale qu'il fit ensuite, il
reçut partout l'accueil le plus empressé et le plus
sympathique. A la fin de mars, comme l'offre de
l'archevêché de Paris lui fut renouvelée avec insistance, il refusa de nouveau et adressa, à la date du
1er avril, la lettre suivante à *l'Ami de la Religion*,
afin de rendre publics les motifs de son refus :

« J'ai refusé l'archevêché de Paris, non comme un enfant, mais en
« homme sensé, en homme réfléchi, en vieillard qui calcule et mesure toutes
« ses démarches. Je l'ai refusé après avoir bien et sérieusement examiné
« cette affaire devant Dieu. C'est l'intime conviction de mon insuffisance
« pour une semblable mission ; c'est ma tendre et si juste sollicitude pour
« mon diocèse, qui m'ont fait reculer d'effroi, et positivement et absolu-
« ment. J'y ai vu autre chose que de l'argent et des honneurs.

« Je ne crois point que ce refus, dans lequel je persisterais au besoin,

« soit de nature à déplaire au Gouvernement. Ce qui glorifie un évêque
« glorifie le royaume auquel appartient cet évêque.

« J'ai toujours servi le Gouvernement en homme d'honneur, en homme
« de conscience et en évêque qui comprend sa dignité et ses devoirs Je ne
« cesserai de le servir de même; mais ici, mieux qu'ailleurs, j'en ai toutes
« les facilités. A Paris, au contraire, je ne ferais rien : ma taille ne va
« point à la mesure de la capitale, et *ma conscience n'est pas élastique;*
« elle s'est éclairée et elle est immuable, parce qu'elle doit l'être.......

« Agréez, etc.

« † CHARLES DE LA TOUR D'AUVERGNE,
« Évêque d'Arras. »

En 1842, lorsque le gouvernement rétablit le siége archiépiscopal de Cambrai, un nouveau refus du cardinal répondit à l'offre de cette haute dignité. Dès 1846, le roi eut la pensée de rétablir la grande aumônerie de France, et il supplia Son Eminence d'accepter le titre de primicier du chapitre royal de Saint-Denis. Mais cette nouvelle faveur eut obligé le cardinal à quitter son diocèse, et il opposa encore le refus le plus absolu à toutes les demandes qui lui furent adressées. Ce fut à cet instant, qu'à l'âge de plus de soixante-dix-sept ans, il partit pour Rome. Dans le consistoire du 12 février 1846, il reçut le chapeau de cardinal, et dans un second consistoire, tenu le 16 avril, Grégoire XVI l'appela à faire partie des congrégations des *Rits*, du *Concile*, des *Indulgences et Reliques*, et du *Consistoire*. Par une marque toute particulière d'estime et d'affection, le souverain Pontife lui imposa de ses propres mains le *Pallium*, en lui remettant un bref très flatteur. Cet honneur n'est pas attaché au siége et est ordinairement réservé aux archevêques. La réception qui fut faite au cardinal par les cardinaux et la noblesse romaine, fut très remarquable. Le corps diplomatique et tous les étrangers de distinction se joignirent aux prélats de la Cour pontificale pour rendre un hommage public à Son Éminence.

Le retour de monseigneur de La Tour d'Auvergne fut une fête pour l'Artois et un triomphe pour le prélat. La population se porta au-devant de lui, les autorités le reçurent aux portes d'Arras et le complimentèrent ; de toutes parts éclataient des témoignages d'affection, de respect et de dévouement. Cette réception magnifique fut une récompense bien douce pour le vénérable pasteur qui avait voulu mourir au milieu de ses brebis. La même année, il fit sa tournée de confirmation et fut accueilli avec un enthousiasme que rien ne saurait décrire, dans toutes les paroisses où il administra ce Sacrement.

Nous pourrions citer ici un grand nombre de traits qui prouvent combien Son Éminence était affable envers tout le monde. Pendant le choléra de 1832, il refusa d'ajourner sa visite pastorale; le péril semblait au contraire exciter son zèle. Toujours on était sûr de le trouver là où il y avait un danger à courir ou une misère à soulager. Aussi était-il adoré de tous ses diocésains. Ses relations avec son clergé étaient pleines de douceur et de mansuétude, et il témoignait hautement de ses sentiments d'affection pour lui. Ardent pour le bien, toujours prêt à obliger ou à secourir, patient et résigné dans les souffrances, il resta aussi modeste pour lui-même qu'il montra d'ambition pour son diocèse. Sa magnificence dans les cérémonies religieuses contrastait avec la simplicité qu'il affectionnait dans son intérieur. Son amour pour les arts ne se démentit à aucune époque, et les travaux de la cathédrale d'Arras l'occupèrent toute sa vie; et, malgré son grand âge, il les surveillait encore lui-même dans ses derniers jours. Il rendit toute sa vie un culte particulier à la sainte Vierge, et il contribua même largement de ses ressources personnelles à la construction et à l'ornementation de la chapelle de la Vierge, sous laquelle il avait fait disposer le caveau qui a reçu son cercueil.

Monseigneur de La Tour d'Auvergne avait été l'un des plus beaux hommes de France. La noblesse de ses traits, la distinction de ses manières, la majesté de

son port et l'élégance pleine de modestie de sa te-
nue, l'avaient fait appeler par Napoléon : *le roi des
évêques*. Il avait un esprit large et un cœur géné-
reux; son activité, soumise à tant d'épreuves, ne
l'abandonna qu'avec sa vie. Sa foi religieuse, au
milieu des vicissitudes qu'il eut à traverser sous la
Terreur, s'était fortifiée au lieu de s'éteindre. Le dé-
couragement n'entra jamais dans sa belle âme. Il
manifesta la plus vive piété pendant le cours de sa
longue carrière apostolique par un grand nombre
de fondations pieuses et d'œuvres de bienfaisance.
C'est sous son administration que les maisons de
Saint-Charles, du Saint-Sacrement, de la Visitation,
des Ursulines, du Bon Pasteur, des Sœurs de Cha-
rité et de plusieurs autres Ordres religieux se sont
fondés dans le Pas-de-Calais. Les conférences de
Saint-Vincent de Paul, l'œuvre de Marie, la Société
de Saint-Victor s'établirent aussi sous son auguste
patronage. Quoique obéré par ses bonnes œuvres
et les travaux d'embellissement de sa cathédrale,
il voulut donner, à l'occasion du jubilé, une nouvelle preuve de sa généreuse sollicitude. Il fit dé-
livrer gratuitement toutes les dispenses pour les
mariages civils qui devaient être confirmés par l'É-
glise, et il voulut même payer les frais des dispen-

ses spéciales qui dépendent du souverain Pontife,
et dont il se chargea de faire la demande et de
poursuivre l'obtention.

L'illustre cardinal officia pontificalement pour la
dernière fois, le jour de Pâques de l'année 1851. Le
20 juillet suivant, à dix heures du matin, il rendit
sa belle âme à Dieu, après avoir reçu le sacrement
de l'extrême onction des mains de son neveu,
M. l'abbé de La Tour d'Auvergne, son grand-vicaire.
Il était âgé de quatre-vingt-trois ans, et son épiscopat avait duré un demi siècle.

Les funérailles eurent lieu le 29 juillet, au milieu
d'un concours immense de population et avec une
pompe inouïe. Le deuil était conduit par les neveux
du cardinal. (1) Les cordons du char funèbre étaient
tenus par le préfet du Pas-de-Calais, le maire d'Arras, le recteur de l'Académie, le président du tri-
bunal de première instance et deux colonels du génie. Le général commandant la subdivision militaire
était à la tête de ses troupes. L'office fut célébré
par monseigneur Régnier, archevêque de Cambrai.
Les cinq absoutes exigées par le pontifical furent

---

(1) Le prince de La Tour d'Auvergne-Lauraguais, premier secrétaire de
l'ambassade française à Rome, et l'abbé prince de La Tour d'Auvergne,
vicaire général. — Le prince Edouard de La Tour d'Auvergne, retenu par
les besoins de son régiment, n'avait pu se rendre à la cérémonie.

prononcées par monseigneur Régnier, par monseigneur Blanquart de Bailleul, archevêque de Rouen, par monseigneur de Garsignies, évêque de Soissons, par M. Bailly, prévôt du chapitre d'Arras, et par Son Éminence le cardinal Gousset, archevêque de Reims, qui conduisit le corps jusqu'à l'entrée du caveau.

Plusieurs articles nécrologiques ont été consacrés à la mémoire de monseigneur de La Tour d'Auvergne. On nous saura gré de citer quelques passages d'une notice que la *Revue du Monde catholique* a publiée dans son numéro du 3 juillet 1847, du vivant du vénérable prélat :

« Quand il arriva dans son diocèse, il put juger des affreux ravages que la Révolution avait laissés derrière elle.

« .... Monseigneur de La Tour d'Auvergne fut un des récréateurs de l'ordre et de la société par l'Evangile. Il se porta à cette tâche inouïe avec un zèle égal à la grandeur de l'entreprise. Il releva les temples et les esprits. Il transforma son diocèse, institua une éducation publique, rappela les traditions oubliées, rétablit les mœurs par la religion, reconstitua une hiérarchie, régularisa l'administration. Sur cette surface déblayée, aplanie par lui, sur ces volontés ployées par la règle et auxquelles on apprenait la moralité de l'obéissance, le Gouvernement promena son action souveraine. Il put, tant son rôle était simplifié, se montrer fort.

« Certes, quand on croit à la Providence, on ne saurait trop admirer ce qu'il y a eu d'assistance et de prévoyance divine dans la vie du vénérable prélat dont nous faisons l'histoire. A l'heure qu'il montait sur son siège, c'était moins des docteurs qu'il fallait à l'Église que des apôtres, des hommes de science que des hommes d'action et de direction qui sauvassent ce qui restait de l'ordre social. On était dans ces temps de confusion où il est moins instant de parler à l'intelligence égarée que de redresser fortement les volontés.

« La question brûlait, et la question était de vivre, d'organiser un monde avec ce chaos. Eh bien! c'était à cela que l'évêque d'Arras était éminemment propre par le tour de ses facultés. Le génie de l'action dominait chez lui le génie de la pensée. Quoique instruit dans les sciences qui incombent aux prêtres, il estimait qu'un pasteur d'âmes, que le chef spirituel d'un diocèse devait moins s'occuper des idées que des faits, et des livres que des hommes. Cette conduite a toujours été la sienne. Tel a été le caractère de toute sa vie, et disons aussi son honneur; car nous pensons que le soin du troupeau est le premier de tous pour un évêque; qu'il n'y a rien qui doive passer avant ce devoir, même les spéculations des esprits les plus éminents. D'un autre côté, dans l'action, il y a aussi de la pensée; et d'ailleurs, au point de vue le plus élevé, le plus rapproché de Dieu, la pensée et l'action se confondent; il n'y a plus que du bien produit et des résultats obtenus. »

Le 24 octobre 1851, M. l'abbé Planque, chanoine titulaire prononça, dans l'église cathédrale d'Arras, l'oraison funèbre de Son Éminence monseigneur le cardinal de La Tour d'Auvergne, en présence de monseigneur Parisis, auparavant évêque de Langres, et qui, la veille, avait pris solennellement possession du siége épiscopal d'Arras. Quelques passages extraits de ce discours complèteront heureusement notre article :

« .... Quelle que soit l'idée que l'on se forme de l'illustre prélat, il faudra bien reconnaître qu'à une grande richesse d'imagination, à une étonnante facilité de travail, il a su joindre cette heureuse activité qui double les forces et sans laquelle le génie lui-même serait souvent frappé d'impuissance, de stérilité. Cet homme si aimable, si séduisant dans un cercle, était au fond du cabinet un travailleur infatigable; il entrait dans tous les détails de sa vaste administration, répondait souvent par lui-même, de sa propre main, aux lettres si nombreuses qui lui arrivaient de tous les points du diocèse, et cela avec une aisance, une facilité et parfois un à-propos qu'aurait pu lui envier une intelligence supérieure sous d'autres rapports.

« Quant à son cœur, vous l'avez connu, et vos larmes, plus éloquentes que toute parole, disent assez quels trésors d'affection et d'amour y étaient renfermés ; car si on peut admirer ce qui est grand, on ne pleure que ce qui est bon. Oui, livré à lui-même et comme à sa pente naturelle, ce cœur s'épanchait volontiers en sentiments tendres et affectueux. Il n'est personne d'entre nous qui n'en ait fait la douce expérience ; et ceux mêmes qu'il a pu contrister trouveraient aisément dans leur vie de ces souvenirs qui rachètent bien des douleurs, qui consolent de bien des peines.......

« Confié jeune encore à la sage direction de son oncle maternel, l'abbé de Saint-Paulet, il put, sans danger pour lui-même, pour son innocence, développer ses brillantes facultés naturelles. En se formant à ces belles manières qui plus tard devaient si bien le distinguer, il se formait aussi à la vertu ; il contractait ces heureuses habitudes de foi, de piété, qui ont embelli sa longue carrière ; il apprenait encore à aimer, à pratiquer cette chose sainte qu'on appelle le travail ; car le travail a été imposé à l'homme par Dieu même ; et si, pour le plus grand nombre, il n'était pas une condition d'existence, pour tous il le serait encore de vertu, de bonheur. Aussi cette activité dont nous parlions tout-à-l'heure ne s'est-elle jamais ralentie ; bien loin de diminuer avec l'âge, elle semblait prendre chaque jour de nouveaux accroissements, semblable à ces corps lancés sur un plan incliné et dont le mouvement s'accélère en proportion même des distances parcourues. Oui, nous l'avons vu, et ce spectacle frappait ceux mêmes d'entre nous qui, plus jeunes et par suite plus ardents, auraient dû, ce semble, s'en étonner moins. L'âge n'avait rien pu sur cette forte et vigoureuse nature, et dans un corps qui déjà s'inclinait vers la tombe, bouillonnait, si j'ose dire, une ardeur toute juvénile.......

« Jamais homme n'a été plus richement doté de ces diverses qualités extérieures, dont la réunion constitue ce qu'on appelle éminemment la beauté. Pardon, mes frères, si dans ce jour, dans cette enceinte, en face de cette tombe, qui parle si éloquemment de la vanité, du néant de tout ce qui passe, j'ai osé prononcer ce mot ! Mais pouvais-je taire ce qui est sur toutes les lèvres, ce qui vit encore dans tous les souvenirs ? D'ailleurs, beauté, richesses, grandeur, tout ne vient-il pas de Dieu ? Et parce que trop souvent l'homme abuse de ces dons, ne pourrions-nous plus en glorifier l'auteur ? Il y avait donc en lui je ne sais quel attrait puissant, une sorte de prestige, de séduction ; prestige dont on pouvait bien ne pas se rendre compte, mais que l'on subissait comme à son insu, et que l'on était heureux de subir. Etait-ce l'éclat du nom, la noblesse des formes, la grâce des manières, cette douce et imposante majesté attachée à toute sa personne ?..... Ne cherchons pas à analyser cette puissance mystérieuse de l'illustre défunt, puissance qui l'a accompagné jusque sous les rides de la vieillesse, j'allais presque dire dans les bras de la mort; car nous l'avons vu alors que, reposant sur son lit funèbre, il recevait les derniers hommages de ses enfants ; eh bien ! soit souvenir, soit réalité, il imposait encore !

« Ici se présente de lui-même, à tous les regards comme à toutes les pensées, ce temple auguste qu'il aimait tant à orner, à embellir, car il le voulait digne et de la majesté du siége épiscopal, et de la noble ville qui, depuis près de quatorze siècles, jouit de l'insigne honneur de lui donner son nom. Pour cela, il n'a épargné ni peines, ni travaux, ni largesses ; et nous savons qu'après l'argent consacré à d'honorables infortunes ou à ses besoins personnels, besoins modestes et bien restreints; car ce prélat, si magnifique dans les grandes solennités du culte, était chez lui, dans l'intérieur, d'une simplicité vraiment patriarcale ; le reste refluait vers cette église-mère, objet constant de sa sollicitude, de ses plus chères prédilections.......

« Mais ce temple, mes frères, n'éveille-t-il pas en nous d'autres souvenirs ? ces grandes et pieuses solennités dont il a été si souvent le témoin ; cette pompe des cérémonies saintes qui se déroulait si majestueusement dans son sein; ces chants qui, mêlés aux soupirs mélodieux de l'orgue, allaient se prolongeant dans ses vastes nefs comme un écho des Cieux ; tout ici ne rappelle-t-il pas un autre attrait du pieux prélat, tout ne dit-il pas combien vif a été en lui le goût des choses saintes, des choses qui peuvent rehausser le culte, ajouter à son éclat, l'élever en quelque sorte à la hauteur de cette majesté suprême dont il doit redire à tous la gloire, la grandeur, la beauté, les ineffables perfections ? Oui, *il a donné de la pompe aux jours de fête, et il a orné les jours sacrés jusqu'à la consommation de sa vie.* Il me semble encore le voir, alors qu'entouré de ses prêtres comme d'une *couronne*, il montait à l'autel pour offrir la sainte victime : quel éclat! quelle majesté ! Ainsi devait être cet Onias dont l'Ecriture a chanté la gloire ! Ainsi ces pontifes vénérables qui, dans l'ancienne loi, étaient chargés de figurer d'avance les grandeurs et les saintes réalités du présent ! Alors la vaste nef était trop étroite pour contenir la foule des fidèles ; et l'étranger qu'avait attiré l'éclat de nos cérémonies s'en retournait frappé d'admiration; il nous enviait presque cette gloire, et volontiers, comme la reine de Saba à la cour de Salomon, il se serait écrié : *Beati!* Heureux ceux à qui il est donné de jouir d'un pareil spectacle ! »

E. DE SAINT-MAURICE CABANY,

Directeur-Rédacteur en chef du NÉCROLOGE UNIVERSEL DU XIXe SIÈCLE
et des ARCHIVES GÉNÉRALES DE LA NOBLESSE,

Membre de l'Académie britannique, de la Société universelle de Londres,
de l'Institut d'Afrique, de l'Académie Belge, et de plusieurs autres
Académies et Sociétés savantes et littéraires.

DESCRIPTION

DES ARMOIRIES DE S. ÉM. Mgr LE CARDINAL DE LA TOUR D'AUVERGNE-LAURAGUAIS.

Écartelées aux 1 et 4 de France à la Tour d'argent; aux 2 et 3 de Toulouse, de gueules à la croix évidée, alésée et pommelée; sur le tout d'Auvergne, d'or au gonfalon de gueules, frangé de sinoples.

Tenants; deux anges.

Couronne de prince.

Grand'croix de la Légion-d'Honneur.

Mitre et crosse d'évêque.

Chapeau de cardinal.

Paris — Imp. Smith, rue Fontaine-au-Roi, 18.